...GE PUBLIÉ SOUS LES AUSPICES
...NISTÈRE DE L'INSTRUCTION PUBLIQUE
...SOUS LA DIRECTION DE L. JOUBIN
...SSEUR AU MUSÉUM D'HISTOIRE NATURELLE

DEUXIÈME EXPÉDITION
ANTARCTIQUE FRANÇAISE
(1908-1910)

COMMANDÉE PAR LE

Dr JEAN CHARCOT

SCIENCES NATURELLES : DOCUMENTS SCIENTIFIQUES

LES TUNICIERS

PAR

Le Dr C.-Ph. SLUITER

Professeur de zoologie à l'Université d'Amsterdam

MASSON ET Cie, ÉDITEURS
120, B^d SAINT-GERMAIN, PARIS (VIe)
1914

COMMISSION CHARGÉE PAR L'ACADÉMIE DES SCIENCES

D'élaborer le programme scientifique de l'Expédition

MM. les Membres de l'Institut :

BOUQUET DE LA GRYE	GIARD	DE LAPPARENT	MÉLA...
BORNET	GUYON	MARION	LE BARBIER...
BOUVIER	LACROIX	MASCART	ROUX
GAUDRY			

COMMISSION NOMMÉE PAR LE MINISTÈRE DE L'INSTRUCTION PUBLIQUE

pour examiner les résultats scientifiques de l'Expédition

MM. Ed. PERRIER .... Membre de l'Institut, Directeur du Muséum d'histoire naturelle, Président.

Vice-Amiral FOURNIER, Membre du Bureau des Longitudes, Vice-Président.

ANGOT .... Directeur du Bureau central météorologique.

BAIL .... Correspondant de l'Institut, Directeur de l'Enseignement supérieur.

BIGOURDAN .... Membre de l'Institut, Astronome à l'Observatoire.

Colonel BOURGEOIS ... Directeur du Service géographique de l'Armée.

BOUVIER .... Membre de l'Institut, Professeur au Muséum d'histoire naturelle.

GRANGER .... Assistant au Muséum d'histoire naturelle.

Commandant GUYON ... Membre de l'Institut, Membre du Bureau des Longitudes.

HANUSSE .... Directeur du Service hydrographique au Ministère de la Marine.

JOUBIN .... Professeur au Muséum d'Histoire naturelle de l'Institut Océanographique.

LACROIX .... Membre de l'Institut, Professeur au Muséum d'Histoire naturelle.

LALLEMAND .... Membre de l'Institut, Membre du Bureau des Longitudes, Ingénieur général des Mines.

LIPPMANN .... Membre de l'Institut, Professeur à la Faculté des sciences de l'Université de Paris.

MUNTZ .... Membre de l'Institut, Professeur à l'Institut agronomique.

RABOT .... Membre de la Commission des Voyages et Missions scientifiques et littéraires.

ROUX .... Membre de l'Institut, Directeur de l'Institut Pasteur.

VELAIN .... Professeur à la Faculté des sciences de l'Université de Paris.

DEUXIÈME EXPÉDITION
ANTARCTIQUE FRANÇAISE

(1908-1910)

COMMANDÉE PAR LE

Dr JEAN CHARCOT

Dt. de Magellan
Terre de Feu
Cap Horn
Détroit de Drake
I. Shetlands
I. Déception
I. Petermann
I. Adélaïde
I. Pierre I
T.r Alexandre
Terre Charcot

I. Éléphant
I. Clarence
Shetlands du Sud
I. du Roi Georges
I. Bridgmann
I. Snow
I. Smith
I. Déception
Dét. de Bransfield
Archipel Palmer
Terre Palmer
Terre Lurd
Terre de Danco
Port Lockroy
I. Wandel
I. Petermann
Bie Pendleton
Iles Biscoa
Bie Matha
Terre de Graham
Ile Adélaïde
Terre Loubet
Baie Marguerite
Terre Fallières
Alexandre I
Terre Charcot

CARTE DE LA CÔTE OUEST
DE
L'ANTARCTIDE SUD-AMÉRICAINE

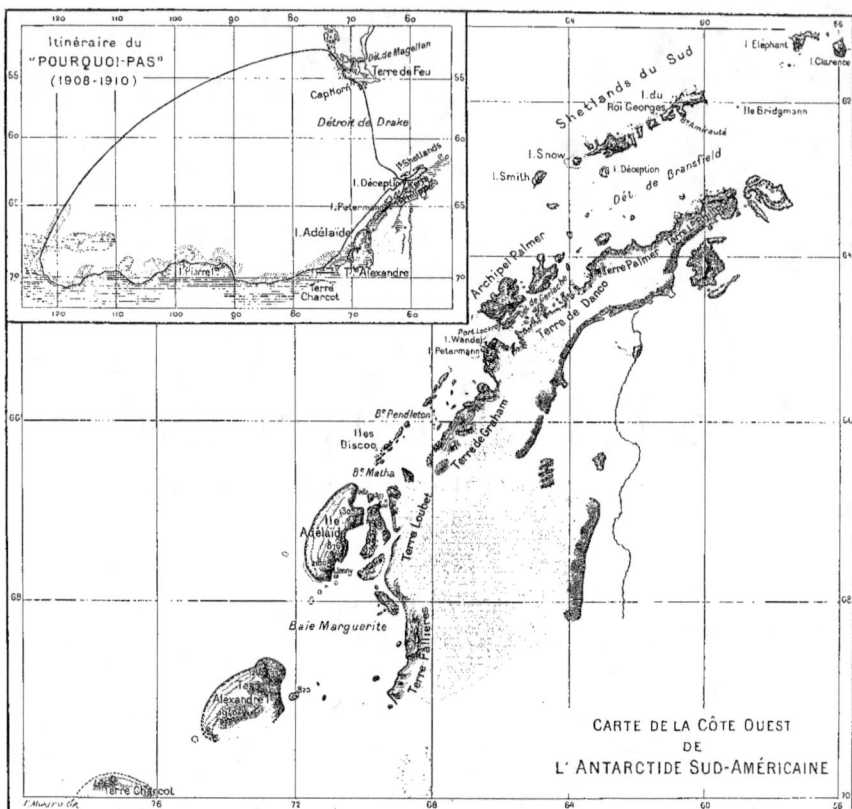

CARTE DES RÉGIONS PARCOURUES ET RELEVÉES PAR L'EXPÉDITION

MEMBRES DE L'ÉTAT-MAJOR DU " POURQUOI-PAS?

J.-B. CHARCOT

M. BONGRAIN. . . . . Hydrographie, Sismographie, Gravitation terrestre, Observations astronomiques.
L. GAIN. . . . . Zoologie (Spongiaires, Échinodermes, Arthropodes, Oiseaux et leurs parasites) Plankton, Botanique.
R.-E. GODFROY . . . . . . Marées, Topographie côtière, Chimie de l'air.
E. GOURDON . . . . Géologie, Glaciologie.
J. LIOUVILLE . . . . Médecine, Zoologie (Pinnipèdes Cétacés, Poissons, Mollusques, Cœlentérés Vermidiens, Vers et Protozoaires, Anatomie comparée, Parasitologie).
J. ROUCH. . . . . Météorologie, Océanographie physique, Électricité atmosphérique.
A. SENOUQUE. . . . . Magnétisme terrestre, Actinométrie, Photographie scientifique.

OUVRAGE PUBLIÉ SOUS LES AUSPICES DU MINISTÈRE DE L'INSTRUCTION PUBLIQUE

SOUS LA DIRECTION DE L. JOUBIN, Professeur au Muséum d'Histoire Naturelle.

DEUXIÈME EXPÉDITION ANTARCTIQUE FRANÇAISE

(1908-1910)

COMMANDÉE PAR LE

Dʳ JEAN CHARCOT

SCIENCES NATURELLES : DOCUMENTS SCIENTIFIQUES

LES TUNICIERS

PAR

Le Dʳ C. Ph. SLUITER

Professeur de Zoologie à l'Université d'Amsterdam.

MASSON ET Cⁱᴱ, ÉDITEURS

120, Bᵈ SAINT-GERMAIN, PARIS (VIᵉ)

—

1914

Tous droits de traduction et de reproduction réservés

LISTE DES COLLABORATEURS

Les travaux marqués d'un astérisque sont déjà publiés.

LES TUNICIERS

Par le Dr C.-PH. SLUITER

PROFESSEUR DE ZOOLOGIE A L'UNIVERSITÉ D'AMSTERDAM

La collection des Tuniciers de la seconde Expédition antarctique française, recueillie et soigneusement conservée par le Dr Jacq. Liouville, comprend plus de 200 échantillons d'Ascidiens, qui appartiennent à 29 espèces différentes et plusieurs échantillons de la *Salpa fusiformis*. Parmi les 29 espèces, il y en a 13 que je crois devoir considérer comme nouvelles pour la science et que j'ai décrites déjà provisoirement dans le *Bulletin du Muséum d'Histoire naturelle* (1912, no 7) et une nouvelle variété, décrite plus bas.

Après les expositions détaillées que Hartmeyer a données de la distribution des Ascidiens de l'Antarctique, dans son ouvrage sur *les Ascidiens de l'Expédition antarctique allemande*, il suffit de constater les modifications de ses conclusions, qui résultent des explorations de l'Expédition du « Pourquoi Pas? » et qui ne sont, du reste, pas de grande importance.

Le nombre d'espèces, estimé par Hartmeyer à 50, s'augmente à présent, grâce à l'expédition française, jusqu'à 63. Les genres, énumérés par Hartmeyer, comme faisant défaut dans l'Antarctique, subissent aussi une modification, car le « Pourquoi Pas? » a recueilli un *Cystodites* et *Leptoclinum (Diplosoma)* inconnus jusqu'à présent de ces régions ; mais seulement un seul échantillon de chacun, ce qui démontre bien la rareté de ces genres. Malgré ce faible accroissement, la conclusion de Hartmeyer, quant à la pauvreté de la faune des Ascidiens dans l'Antarctique, est à l'épreuve, et je suis d'accord avec lui que ce n'est pas probable que la richesse de la faune des Ascidiens s'augmentera considérablement au-dessus du niveau connu à présent. Pourtant il faut tenir compte de la

Expédition Charcot. — SLUITER. — Les Tuniciers.   1

possibilité que certains lieux peuvent être spécialement favorables à l'évolution des Ascidiens. L'expédition allemande («Gauss») n'a recueilli que 6 espèces nouvelles, tandis que dans la collection du « Pourquoi Pas? » j'ai pu trouver 13 nouvelles espèces, mais presque toutes en assez petit nombre d'échantillons. Il faut remarquer pourtant que, probablement, les localités où le « Pourquoi Pas? » a fait ses collections ont été plus favorables que celles de l'expédition du « Gauss », car non seulement le nombre d'espèces nouvelles est relativement grand, mais aussi le nombre des échantillons de plusieurs espèces déjà connues est beaucoup plus grand : nommément des espèces si communes dans l'Antarctique : *Cæsira pedunculata, Pyura setosa, Pyura Turqueti, Styela verrucosa, Styela Grahami, Phallusia Charcoti* et *Macroclinum magnum.* Pourtant, de l'autre côté, l'expédition du « Gauss » a trouvé d'autres espèces un grand nombre d'échantillons, dont je ne connais que quelque peu de la première expédition française : nommément *Amaroucium cæruleum* et *Sycozoa sigillinoides.*

Enfin il faut remarquer que, par une erreur, je n'ai pas eu d'épreuves de ma Note préliminaire dans le *Bulletin du Muséum d'Histoire naturelle* (1912, n° 7), où j'ai décrit provisoirement les Ascidiens. Pour cette cause, plusieurs fautes d'impression sont restées, que je n'ai pu corriger, et on trouvera par conséquent quelques contradictions entre le texte de la note préliminaire et le texte définitif.

Voici la liste complète des échantillons obtenus :

1. *Cæsira (Molgula) pedunculata* Herdman.
2. *Cæsira (Molgula) enodis* Sluiter n. sp.
3. *Cæsira (Molgula) confluxa* Sluiter n. sp. (*Microcosmus confluxus* dans la note préliminaire).
4. *Pyura (Halocynthia) squamata* Hartmeyer.
5. *Pyura (Halocynthia) Discoveryi* Herdman var. *septemplicata* n. var.
6. *Pyura (Halocynthia) setosa* Sluiter.
7. *Pyura (Boltenia) Turqueti* Sluiter.
8. *Pyura (Halocynthia) liouvillia* Sluiter n. sp.
9. *Pyura (Halocynthia) obesa* Sluiter n. sp.
10. *Styela verrucosa* Lesson.
11. *Styela Drygalskii* Hartmeyer.
12. *Styela Grahami* Sluiter.
13. *Styela Wandeli* Sluiter.
14. *Styela tholiformis* Sluiter n. sp.

15. *Styela serpentina* Sluiter n. sp.
16. *Styela Quidni* Sluiter n. sp.
17. *Styela insinuosa* Sluiter n. sp.
18. *Corella eumyota* Traustedt.
19. *Phallusia Charcoti* Sluiter.
20. *Cystodites antarcticus* Sluiter n. sp.
21. *Tylobranchion antarcticum* Herdman.
22. *Holozoa (Distaplia) cylindrica* Lesson.
23. *Macroclinum magnum* Sluiter.
24. *Macroclinum pererratum* Sluiter n. sp.
25. *Amaroucium vastum* Sluiter n. sp.
26. *Amaroucium longicaudatum* Sluiter n. sp.
27. *Aplidium ordinatum* Sluiter.
28. *Didemnum (Leptoclinum) biglans* Sluiter.
29. *Leptoclinum (Diplosoma) longinquum* Sluiter n. sp.
30. *Salpa fusiformis fusiformis* Cuvier.

1. Cæsira pedunculata Herdman.
(Pl. I, fig. 1-2.)

Molgula pedunculata Herdman, *Rep. Voyage « Challenger »*, p. 74, 1892.
Molgula maxima Sluiter, Tuniciers. *Exp. antarctique Française, 1903-1905*, 1906.
Cæsira maxima R. Hartmeyer, *Die Ascidien der Deutschen Südpolar Exp., 1901-1903*, 1911, p. 417.
Molgula concomitans Herdman, Tunicata. *Nat. Antarct. Exp. Nat. Hist.*, vol. V, p. 13.
Molgula Hodgsoni Herdman, Tunicata. *Nat. Antarct. Exp. Nat. Hist.*, vol. V, p. 11.
Molgula longicaulis (?) Herdman, Tunicata. *Nat. Antarct. Exp. Nat. Hist.*, vol. V, p. 14.

Dragage II (N° 1) : plusieurs échantillons. — Dragage VI (N° 41) : 1 échantillon. — Dragage XIV (N° 920) : plusieurs échantillons. — Dragage XV (N°s 725, 728) : plusieurs échantillons. — Dragage XVIII (N° 784): 1 échantillon. — Dragage XVIII (N° 84): 5 échantillons. — Dragage XVIII (N°812): plusieurs échantillons. — Dragage XVIII (N° 813) : plusieurs échantillons. — Dragage XVIII (N°s 835, 840, 855, 892) : 6 échantillons.

L'Expédition du « Pourquoi Pas? » a recueilli un très grand nombre d'animaux, qui appartiennent tous, je crois, à la même espèce, et cette espèce doit être nommée *Cæsira pedunculata* Herdm. J'avais déjà exprimé dans mon travail sur les Tuniciers de la première Expédition antarctique du Dr Charcot que peut-être la *C. pedunculata* et ma *C. maxima* ne présentaient qu'une seule espèce. Hartmeyer croit aussi très probable que non seulement *C. pedunculata* et *C. maxima* sont indentiques, mais aussi bien les deux espèces, décrites par Herdman : *C. Hodgsoni* et *C. concomitans*. Je crois, après l'examen des nombreux échantillons, devoir aller encore plus loin et y ajouter aussi la *C. longicaulis* de Herdman ; car, parmi les échantillons qui sont à présent à ma disposition, je trouve plusieurs animaux avec une longue queue, qui souvent est plus longue que le corps proprement dit. La surface peut être à peu près lisse, parce que les excroissances peuvent faire presque défaut. Le seul échantillon que Herdman a pu examiner n'était pas en bonne condition et aussi, pour cette raison, la surface pouvait se montrer lisse. Du reste, l'anatomie, spécialement de la tunique externe, correspond assez bien avec *C. pedunculata* ; seulement l'entonnoir vibratile est dessiné par Herdman avec l'ouverture en avant et non pas renversée, comme chez tous les exemplaires examinés de *C. pedunculata*.

Pourtant Herdman a décrit aussi chez *C. concomitans* la même disposition de l'entonnoir vibratile, tandis qu'après les recherches de Hartmeyer on ne saurait douter de l'identité de *C. concomitans* avec *C. pedunculata*. Il ne me semble donc pas impossible que, par erreur, le lithographe du Pr Herdman ait renversé la figure, laquelle, quant à la forme, correspond exactement avec l'entonnoir vibratile de *C. pedunculata*.

Je crois donc très probable et même assez sûr que toutes ces formes appartiennent à la même espèce, laquelle doit porter le nom de *C. pedunculata*, donné par Herdmann.

2. Cæsira enodis Sluiter.
[Pl. I, fig. 3-7 (7ᵃ, 7ᵇ, 7ᶜ).]

Sluiter, *Bull. du Mus. d'Hist. nat.*, 1912, n° 7, p. 1.

Dragage XV (N° 723) : 5 échantillons.

Caractères extérieurs. — Les cinq animaux ont à peu près la même grandeur : 10 millimètres de long, 7 millimètres de large et 5 millimètres d'épaisseur. Les deux siphons sont courts et épais, mais distinctement circonscrits. L'orifice buccal est pourvu de six lobes et l'orifice cloacal de quatre lobes. La surface de la tunique externe porte de nombreuses excroissances en forme de poils, sur lesquels sont attachés de petits grains de sable gris et noirs, d'où résulte la couleur grise de l'animal.

La *tunique externe* est mince et se déchire très facilement. La structure est, comme d'ordinaire, filamenteuse avec des cellules en astérisques nombreuses, mais sans cellules vésiculaires. Les grains de sable n'entrent pas dans le tissu de la tunique, mais sont attachés seulement aux excroissances en forme de poils.

La *tunique interne* est pourvue d'une musculature relativement forte.

Le *sac branchial* est pourvu de sept plis étroits. Chaque pli ne consiste qu'en trois ou au plus quatre côtes longitudinales, assez étroites. Les côtes transversales aussi sont étroites et toutes de même ordre. Les stigmates sont arrangés assez régulièrement en formant des infundibula et, comme d'ordinaire, les plis passent sous les centres des infundibula. Toutes les côtes longitudinales et transversales logent de très nombreux corpuscules noirs, qui se trouvent aussi dans les vaisseaux de la tunique interne et externe et encore dans les tentacules. L'endostyle est assez étroit et peu proéminent.

Le *raphé dorsal* est étroit et à bord lisse.

L'*entonnoir vibratile* est très simple et a un orifice circulaire.

Le *tube digestif* forme une anse très étroite, les deux parties de l'anse situées immédiatement l'une contre l'autre. Tout l'intestin formant une courbure, à peu près en forme de demi-cercle dans la partie ventrale du corps. L'estomac est à peine plus large que les autres parties de l'intestin.

Les *tentacules* sont au nombre de 10, et encore quelques-uns tout à fait rudimentaires. Les dix sont à peu près de même grandeur, et la plupart sont simples, sans ramifications quelconques. Il y en a pourtant quelques-uns avec de toutes petites branches, les uns avec une branche à la base seulement, les autres avec quatre ou cinq petites branches. Tous les tentacules sont noirs, à cause des corpuscules noirs, mentionnés plus haut.

Les *gonades* gauches se trouvent dans la courbure de l'intestin, les testicules entourant l'ovaire en forme de demi-lune. Les gonades droits, un peu plus petits, sont situés au dos du sac rénal, qui lui-même est aussi assez petit.

Cette espèce de *Cæsira* (*Molgula*) est très curieuse sous plusieurs rapports.

En premier lieu la simplicité des tentacules, dont quelques-uns seulement ont un commencement de ramification, tandis que la plupart sont absolument simples, fait que je ne les connais chez aucun *Cæsira*.

En second lieu, l'entonnoir vibratile est très simple, ce qui est aussi remarquable chez le genre *Cæsira*, qui est en autres rapports la forme la plus développée, quoique j'aie trouvé cette forme simple de l'entonnoir encore chez quelques autres espèces de *Cæsira*, par exemple chez *C. longipedata* Sluit., *C. flagrifera* Sluit. et *C. crinita* Sluit. Les plis très étroits du sac branchial se trouvent de même chez d'autres espèces de *Cæsira* : *C. georgiana* Michaelsen, *C. piriformis* Herdm., *C. calvata* Sluit., *C. flagrifera* Sluit. Enfin les corpuscules noirs, qui se trouvent dans tous les plus grands vaisseaux de la tunique externe et interne, du sac branchial et encore dans les tentacules, que sont-ils? En tout cas, ce sont des éléments intégrants du sang de notre espèce ; mais ce ne sont pas les corpuscules sanguins ordinaires, car on trouve encore ceux-ci à côté des corpuscules noirs. Aussi on ne les rencontre ni dans les petits vaisseaux du sac branchial, ni dans ceux de la tunique interne ou externe. De plus, ils n'ont ni la forme ni la grandeur des cellules pigmentées, qu'on trouve si souvent dans la tunique et dans d'autres parties du corps. Ce sont donc bien des corpuscules propres au sang, dont la signification reste inconnue pour le moment.

3. Cæsira confluxa Sluiter.
(Pl. I, fig. 14-18.)

Microcosmus confluxus Sluiter, *Bull. du Mus. d'Hist. nat.*, 1912, no 7, p. 454.

Dragage XVIII (No 833) : 1 échantillon.

Caractères extérieurs. — Le seul échantillon obtenu est long de 17 millimètres, large de 12 millimètres et épais de 10 millimètres. Les deux siphons sont courts, mais assez larges, éloignés l'un de l'autre de 6 millimètres seulement. L'orifice branchial est pourvu de six lobes, l'orifice cloacal de quatre lobes; pourtant, à l'extérieur, les lobes sont assez indistincts. La surface est faiblement sillonnée, sans corpuscules étrangers et d'une couleur gris sale.

La *tunique externe* est mince, mais coriace et nacrée en dedans.

La *tunique interne* a une musculature assez faible.

Le *sac branchial* a une structure bien curieuse. Il est pourvu de six plis
étroits. Les premiers plis à côté de l'endostyle et du raphé dorsal n'ont
que trois ou quatre côtes longitudinales, les autres en ont six. Entre les plis
il n'y a plus de côtes longitudinales. Très curieuse est l'embouchure des
côtes longitudinales dans la partie postérieure du sac branchial. Avant de
s'emboucher dans le vaisseau dorsal, les côtes longitudinales de chaque
pli se réunissent d'abord deux à deux et confluent enfin en un vaisseau
collectif, qui se jette dans le vaisseau dorsal. Au côté gauche encore, les
vaisseaux collectifs du deuxième et du troisième pli (comptant du raphé
dorsal) se réunissent en un vaisseau. Pour tous les autres plis, il y a un
vaisseau collectif pour chacun. Au côté droit tous les vaisseaux collectifs s'embouchent d'abord dans un vaisseau, qui court le long de l'entrée
de l'œsophage. Sur toute la longueur du sac branchial se trouvent seulement
quatre côtes transversales larges. Les autres vaisseaux transversaux sont
tous petits et arrangés très irrégulièrement, formant un réseau assez irré-
gulier, dans les mailles duquel se trouvent les stigmates de différente taille,
parfois en rangées plus ou moins distinctes. Souvent les stigmates sont
un peu recourbés. L'endostyle est distinct, mais étroit.

Le *raphé dorsal* est étroit et à bord lisse.

L'*entonnoir vibratile* est simple, en forme de S, mais renversé.

Le *tube digestif* est relativement court. L'estomac est assez spacieux,
mais séparé très indistinctement de l'œsophage et aussi de l'intestin proprement dit. Celui-ci fait une anse étroite.

Les *tentacules* sont au nombre de 30 environ. Il y a 20 tentacules plus
grands et entre ceux-ci encore environ 10 beaucoup plus petits. Tous les
tentacules ne sont que pauvrement ramifiés, et aussi les branches elles-
mêmes sont courtes.

Les *gonades* sont de la même grandeur des deux côtés. Le gonade
gauche avant l'anse intestinale, et non pas dans l'anse. L'arrangement
de l'ovaire et les testicules comme ordinairement chez *Cæsira*.

Dans ma note préliminaire, j'ai décrit cette forme sous le nom de *Microcosmus confluxus*. Le sac branchial ne montre pas d'infundibula, et je
n'avais pas trouvé le sac rénal. Aussi les lobes des orifices sont très indistincts, au moins à l'extérieur. Après un examen plus minutieux, je trouve

pourtant qu'au côté droit il y a en effet un sac rénal, mais cette partie
la tunique interne était plus ou moins déchirée, de manière que d'abord
je ne l'avais pas trouvée. Le sac branchial a perdu toute indication des
infundibula, quoique plusieurs stigmates soient encore plus ou moins
recourbés. Le caractère le plus curieux est sans doute le confluent, ou, si
l'on veut, la division des côtes longitudinales dans la partie postérieure
du sac branchial et l'embouchure de ces vaisseaux dans le vaisseau
dorsal.

4. Pyura squamata Hartmeyer.

Hartmeyer, *Die Ascidien der Deutschen Südpolar Exp.*, *1901-1903*, p. 439.

Dragage XX (N° 797) : 1 échantillon.

Le seul animal obtenu a été détaché un peu rudement de son support;
aussi la partie basale très mince de la tunique externe est déchirée ; en
même temps les organes intérieurs ont plus ou moins souffert. Les mesures
correspondent avec le plus grand exemplaire (A) de Hartmeyer, et aussi
la surface écaillée est la même que chez les animaux décrits par l'auteur
allemand. Aussi les débris des organes intérieurs correspondent très bien
avec la description minutieuse de Hartmeyer.

5. Pyura Discoveryi Herdman var. septemplicata n. var.
(Pl. I, fig. 8, et Pl. IV, fig. 40.)

Herdman, *Tunicata from National Antarct. Exp.*, 1910, p. 9.
Hartmeyer, *Die Ascidien der Deutschen Südpolar Exp.*, *1901-1903*, p. 433.

Dragage IX (N° 90) : 8 échantillons. — Dragage IX (N° 108) :
1 échantillon. — Dragage VII (N° 166) : 1 échantillon. — Dragage XV
(N° 792) : 1 échantillon. — Dragage XVIII (N° 892) : 2 échantillons.

C'est un fait assez curieux que les 13 échantillons que j'ai pu examiner
de cette espèce correspondent, aussi bien pour l'extérieur que pour
l'anatomie interne, avec les descriptions de Herdman et de Hartmeyer,
seulement à l'exception du sac branchial. Les deux auteurs, si versés dans
la connaissance des Tuniciers, décrivent le sac branchial pourvu de six
plis, tandis que je trouve chez tous les échantillons mentionnés plus haut
sept plis, et aussi le nombre des côtes longitudinales ne correspond pas

exactement avec les nombres donnés par les deux savants. D'abord je
croyais pouvoir mettre cette différence au compte de la plus grande taille
des animaux de l'Expédition française. Le plus grand échantillon de cette
collection est long de 40 millimètres, haut de la face ventrale jusqu'à la
selle entre les deux siphons de 25 millimètres et épais de 20 millimètres,
tandis que les deux siphons sont longs respectivement de 25 et 30 millimètres. C'est donc à peu près le double de l'animal de Herdman. Mais aussi
tous les autres échantillons sont plus grands que ceux de Herdman et de
Hartmeyer, quoique mon plus petit exemplaire ne diffère que de quelques
millimètres de l'animal décrit par Herdman. Mais aussi cet échantillon
possédait déjà les sept plis. Quoiqu'il ne soit donc exclus qu'à un certain
âge, le sac branchial forme plus ou moins subitement un nouveau septième
pli ; je n'ose avancer cette opinion positivement à défaut de forme transi-
toire. L'arrangement des côtes longitudinales n'est pas tout à fait constant.
Sur les plis les plus dorsaux et ventraux, je trouve de six à huit côtes longitudinales ; sur les plis au milieu, il y en a dix. Entre deux plis, situés plus
ventralement et dorsalement, il y a cinq côtes longitudinales ; au milieu
du sac branchial, il n'y a que trois côtes. Le nombre des stigmates entre
deux côtes est aussi différent. Tout près des plis, on trouve cinq à sept
stigmates, au milieu seulement trois ou quatre. L'arrangement des côtes
transversales correspond exactement avec les notices de Herdman et
Hartmeyer, quoique souvent on rencontre des irrégularités dans la
direction de ces côtes, qui souvent se détachent à angle oblique des côtes
transversales régulières.

Quant à l'entonnoir vibratile, il montre la forme compliquée décrite
par Herdman. Chez le plus grand échantillon, les courbures serpentiformes
sont encore plus nombreuses que chez l'échantillon de Herdman, mais
chez les animaux plus jeunes je trouve aussi des dessins ressemblant au
dessin qu'en donne Hartmeyer.

Les tentacules sont au nombre de vingt-quatre, dont douze sont
grands mais pauvrement ramifiés ; les autres sont petits mais inégaux.
C'est donc une disposition qui correspond assez bien avec les descriptions des deux auteurs nommés déjà tant de fois.

Les gonades ont la forme que Hartmeyer a décrite, seulement ils sont

développés également des deux côtés, et le nombre des vésicules s'augmente chez les individus plus âgés, de sorte que chez le plus grand animal
je trouve vingt-six et vingt-sept vésicules de chaque côté des canaux
collectifs. Chez les autres, je trouve des nombres variant de vingt à vingt-
quatre, ce qui ne diffère guère de la description de Hartmeyer.

Enfin l'extérieur ressemble très bien à la description et aussi aux figures
données par Herdman et Hartmeyer. La longueur des deux siphons est
pourtant assez variable, ce qui dépend du degré de contraction.

6. Pyura setosa Sluiter.

1905. Sluiter, *Bull. Mus. Hist. Nat.*, 1905, n° 6, p. 472.
1906. Sluiter, Tuniciers. *Exp. antarctique Française, 1903-1905*, p. 40.
1910. Herdman, Tunicata. *National Antarctic Exp.*, 1910, p. 7.
1911. Hartmeyer, *Die Ascidien der Deutschen Südpolar Exp., 1901-1903*, p. 442.

Dragage IV (N° 23) : 1 échantillon. — Dragage VIII (N° 82) : 1 échantillon. — Dragage XV (Nᵒˢ 248, 723) : 3 échantillons. — Dragage XVIII
(Nᵒˢ 812, 813) : plusieurs échantillons.

Il n'y a pas beaucoup à ajouter à la description que j'ai donnée de
cette espèce et aux additions que Herdman et Hartmeyer ont communiquées. Seulement quant à la remarque de Herdman que la figure 57 de
la planche V de mon mémoire de 1906 ne ressemble que très superficiellement à l'animal en réalité (*is so formal*), je dois réhabiliter mon dessinateur, car en effet je trouve encore ma figure beaucoup plus ressemblante que celle que donne Herdman lui-même. L'extérieur pourtant
peut varier plus ou moins d'aspect, mais, quand on choisit un échantillon
avec les poils bien intacts et longs et peu couverts d'organismes étrangers, ceux-ci sont dirigés distinctement en une direction spéciale,
d'avant en arrière, comme la figure le montre, et aussi les poils, épais
à peu près de 1 millimètre, sautent aux yeux beaucoup plus distinctement que dans la figure de Herdman. Quant au poil accessoire, que
j'ai décrit et figuré page 41 de mon mémoire, je suis d'accord avec
Hartmeyer, que ce poil n'est pas implanté sur le poil principal, mais
n'est qu'un petit poil, implanté immédiatement à côté du grand, mais
indépendant de celui-ci. Pour le reste, je ne peux que confirmer mes
observations d'autrefois.

7. Pyura (Boltenia) Turqueti Sluiter.

Boltenia Turqueti Sluiter, Tuniciers. *Exp. antarctique française, 1903-1905,* Paris, 1906, p. 43.
Boltenia salebrosa Sluiter. *Idem*, p. 45.

Dragage VI (N° 41) : 2 échantillons. — Dragage VII (N° 51) : 2 échantillons. — Dragage XI (N° 119) : 2 échantillons. Ile Peterman (N° 147) : échantillon, dans une touffe d'Algues ramassée avec son crampon. — Dragage X (N° 140) : 2 échantillons. — Dragage XVIII (N° 813) : 1 échantillon.

Après l'examen de ces dix exemplaires, je me suis convaincu qu'il est impossible de soutenir les deux espèces, décrites par moi dans mon travail sur les Tuniciers de la première expédition du Dr Charcot. J'avais déjà indiqué la grande ressemblance entre les deux espèces, mais alors je ne me croyais pas justifié de les unir dans une seule espèce. Quant à l'extérieur, je trouve à présent des transitions entre la surface lisse de *P. Turqueti* et la surface sillonnée de *P. salebrosa.* Aussi la différence entre la structure du sac branchial n'est pas d'une valeur spécifique, car les côtes longitudinales entre deux plis peuvent varier de six à dix, et aussi le nombre de stigmates dans les mailles est bien variable. Toute la structure est toujours assez irrégulière. L'entonnoir vibratile est toujours en forme de fer à cheval ; les deux cornes sont plus ou moins contournées en volutes, ou simplement recourbées en dedans.

Aussi les tentacules sont plus ou moins variables en nombre et en disposition. J'ai trouvé chez différents exemplaires, 20, 22, 24 et 26 tentacules, qui parfois sont régulièrement alternants, plus petits et plus grands, souvent pourtant rangés assez irrégulièrement.

Ces observations complémentaires prouvent donc nettement qu'il faut unir les deux espèces *Pyura (Boltenia) Turqueti* et *P. salebrosa* dans une seule, pour laquelle je veux garder le premier nom, consacré à M. le Dr Turquet, biologiste de la première Expédition antarctique française.

Enfin je me permets de remarquer qu'il ne me semble pas impossible que aussi la *Boltenia Scotti*, décrite par Herdman dans les *Tunicata* (*National antartic Expedition*, 1910), ne soit qu'un jeune exemplaire de la *Pyura Turqueti.* Quoiqu'on ne trouve plus chez le *P. Turqueti* le petites épines aiguës d'une couleur jaune décrites par Herdman chez la petite *Boltenia Scotti*, on trouve pourtant aussi chez la *P. Turqueti* de toutes petites excroissances, visibles seulement avec la loupe et dont j'ai fait mention déjà dans ma description originale. Les pointes aiguës seraient donc usées chez les animaux adultes. Aussi la structure différente du sac branchial pourrait être attribuée à la différence d'âge. L'entonnoir vibratile a la même forme. Il est vrai que Herdman mentionne huit grands tentacules et quelques-uns beaucoup plus petits, mais les échantillons de Herdman sont évidemment encore tout jeunes, et le nombre des tentacules augmentera bien à un âge plus avancé. Je ne crois donc point du tout invraisemblable que la *Boltenia Scotti* ne soit que le jeune de la *Pyura Turqueti*.

8. **Pyura Liouvillia** Sluiter.
(Pl. I, fig. 9-13 ; Pl. IV, fig. 41.)

Sluiter, *Bull. du Mus. d'Hist. nat.*, 1012, n° 7, p. 2.

Dragage IX (N° 103) : 1 échantillon. — Dragage XVIII (N°s 835, 840) : 4 échantillons.

Caractères extérieurs. — Le plus grand échantillon est long de 32 millimètres, large de 25 millimètres et épais de 16 millimètres. Les deux siphons sont courts et épais, mais distincts ; les deux orifices en forme de fente courbée, parfois en forme de demi-lune, mais toujours sans lobes distincts. La couleur est gris pâle, un peu jaunâtre à la base. La surface de la tunique externe est sillonnée à la partie basale (ventrale), mais la partie dorsale est lisse à l'œil nu. Sous la loupe, pourtant, on voit que toute la tunique externe porte de petites protubérances de $0^{mm},15$ (1) de diamètre, qui sont arrangées ordinairement en lignes courbées. Les protubérances peuvent se changer en de petites excavations, dépendant de l'afflux ou de l'effluve du sang. Pour le reste, la tunique externe est assez mince, coriace et bien résistante.

La *tunique interne* porte une musculature médiocrement forte et arrangée assez régulièrement en faisceaux, qui se croisent rhomboïdalement.

_____

(1) Dans la *Note préliminaire*, une faute d'impression s'est introduite : il y a là 15 millimètres au lieu de $0^{mm},15$.

Le *sac branchial* est pourvu de six plis très larges. Chez les animaux plus petits, il y a dix à douze côtes longitudinales ; chez les plus grands, jusqu'à vingt côtes sur chaque pli. Chez les petits, on trouve aussi deux à quatre côtes longitudinales entre deux plis ; chez les grands, jusqu'à sept. Les stigmates sont arrangés assez irrégulièrement, surtout chez les animaux plus grands ; il n'y est donc plus question de rangées, mais souvent on peut observer une certaine tendance à former des spirales.

Le *raphé dorsal* forme une membrane étroite, portant des languettes assez courtes.

L'*entonnoir vibratile* est en forme de fer à cheval, plus ou moins allongé ; parfois les deux cornes sont recourbées en dedans, parfois l'une en dedans, l'autre en dehors.

Le *tube digestif* commence par un œsophage, très court, qui débouche dans l'estomac, peu volumineux et strié longitudinalement. L'intestin proprement dit forme une anse assez largement ouverte. Tout près de l'anus, le rectum s'élargit pour former une espèce d'entonnoir à bord lisse.

Les *tentacules* sont plus ou moins variables en nombre. Chez le plus petit animal il y a quatorze tentacules, dont six sont grands et huit plus petits.

Les grands et petits sont placés alternativement ; seulement le tentacule médio-dorsal est petit, de manière qu'à la partie dorsale du cercle tentaculaire il y ait trois petits tentacules. Chez le plus grand échantillon, le nombre des tentacules s'est augmenté considérablement. Je trouve douze grands tentacules alternant avec douze autres plus petits, mais de différentes tailles. Enfin il y a encore de tout petits tentacules de troisième ordre. Tous les tentacules ne sont pas ramifiés très profusément.

Les *gonades* sont bien développés des deux côtés et arrangés comme d'ordinaire chez les Pyures.

Le caractère le plus saillant de cette espèce est sans doute la structure de la tunique externe. Celle-ci est très vasculaire, et les dernières ramifications prennent fin en cul-de-sac dans les petites protubérances, qui sont arrangées assez régulièrement en lignes courbées. Avec l'afflux du sang, les protubérances se dilatent, tandis qu'avec l'effluve elles s'affaissent. J'ai décrit une structure semblable chez *Tethyum* (*Styela*) *pneumonodes* Sluiter (1), quoique chez cette espèce les protubérances ne soient pas arrangées si régulièrement. Les autres caractères anatomiques ne donnent pas lieu à des remarques spéciales, tandis que notre espèce ne se rapproche guère d'une des formes connues des régions antarctiques ou subantarctiques.

9. Pyura obesa Sluiter.

Sluiter, *Bull. du Mus. d'Hist. nat.*, 1912, n° 7, p. 453.

Dragage XVIII (N° 1009) : 1 échantillon.

Caractères extérieurs. — Le seul échantillon est de taille gigantesque, long de 16 centimètres, large de 13 centimètres et épais de 10 centimètres.

La surface est tout à fait lisse, sans sillons et de couleur blanc sale. Les deux orifices sont sessiles et à quatre lobes distincts.

La *tunique externe* est épaisse et plus ou moins cartilagineuse. Au côté ventral elle peut atteindre une épaisseur de 1 centimètre. Il n'y a pas de cellules vésiculaires.

La *tunique interne* est pourvue d'une musculature forte, arrangée à la manière bien connue chez les Pyures. La tunique interne montre les deux siphons courts et rapprochés l'un de l'autre, de même que les deux orifices à l'extérieur.

Le *sac branchial* est malheureusement très déchiré chez notre seul échantillon. Il était pourtant bien développé et pourvu de six plis larges. La distribution des côtes longitudinales correspond à la formule suivante : Raphé dorsal — 4 (21) 6 (20) 6 (20) 8 (20) 9 (16) 6 (16) 3 — Endostyle. Les côtes transversales sont de trois ordres, arrangées comme ordinairement.

Dans les mailles formées entre les côtes longitudinales et transversales se trouvent sept à huit stigmates allongés. L'endostyle est large et long par suite du développement énorme de la face ventrale.

Le *raphé dorsal* est représenté par des languettes courtes ; mais il est assez court pour la même cause que l'endostyle est si long.

(1) Sluiter, Tunicaten. Semon. Zool. Forschungnsreisen in Australien und dem Malayischen Archipel V (*Yen. Denkschr.*, VIII, p. 179, 1895).

L'*entonnoir vibratile* inconnu (la partie antérieure du sac branchial était totalement déchirée).

Le *tube digestif* est très spacieux. L'estomac n'est que très peu plus spacieux que l'autre intestin et est à paroi lisse. L'intestin propre fait une anse assez étroite, comme de coutume chez les Pyures. Le bord de l'anus est plié, mais sans papilles.

Les *tentacules* sont au nombre de vingt-cinq environ. Ils semblent être assez petits et peu ramifiés, mais plusieurs sont rompus, de manière qu'il est impossible de fixer leur arrangement.

Les *gonades* sont fortement développés et ont la structure et l'arrangement typiques pour les Pyures.

C'est une Pyure de taille vraiment gigantesque, mais malheureusement l'intérieur est mal conservé. Le sac branchial était tellement déchiré que ce n'est qu'avec beaucoup de peine que j'ai pu analyser la structure. La partie où se trouve l'entonnoir vibratile était tout à fait déchirée, et je n'ai pu le reconnaître. Je n'ai pu donc que donner une description assez superficielle de cette espèce, mais pourtant je crois bien certain que notre espèce ne peut être confondue avec aucune autre connue des régions antarctiques.

10. Styela verrucosa Less.

1900. *Styela verrucosa* Michaelsen, Die holosomen Ascidien des magalhaensisch-süd-georgischen Gebietes in *Zoologica*, vol. XXXI, p. 86.
1906. *Styela flexibilis* Sluiter. Tuniciers. *Exp. antarctique Française, 1903-1905*, p. 36.
1910. *Tethyum verrucosum* Hartmeyer, *Die Ascidien der deutschen Südpolar Exp., 1901-1903*, p. 444.
1910. *Styela spectabilis* Herdman, *National antarctic Exp.*, vol. V, Tunicata, 1910, p. 4.

Dragage II (N° 1) : plusieurs échantillons. — Dragage VIII (N° 82) : 2 échantillons. — Dragage XIVᶜ (N° 720) : 1 échantillon. — Dragage XV (N°ˢ 725, 728) : plusieurs échantillons. — Dragage XVIII (N°ˢ 811, 812, 813, 835, 855) : plusieurs échantillons.

La remarque de Hartmeyer est bien juste (*loc. cit.*, p. 446), qu'il est un peu étonnant que dans ma description de la *Styela flexibilis* (Sluiter, *loc. cit.*, p. 36) je n'aie même pas mentionné la possibilité que ma nouvelle espèce

fût identique à la *Styela verrucosa* Less. Séduit par la grandeur des animaux que j'examinais d'abord et par les différences que je trouvais chez
ces échantillons, je n'ai pas fait assez attention à la description exacte que
Michaelsen a donnée de cette espèce. A présent, après l'examen de
maints échantillons, grands et petits, je suis entièrement convaincu que
Hartmeyer a raison et que ma *Styela flexibilis* n'est autre chose que le
Styela verrucosa de Lesson.

Le matériel que M. le Dr Liouville a collectionné donne lieu
encore aux observations suivantes. Chez tous les animaux antarctiques,
les excroissances coniques semblent disparaître beaucoup plus tard que
chez les animaux du détroit de Magalhaen, car ils se trouvent encore
bien développés chez des échantillons de 60 millimètres de longueur.
Je veux faire mention encore spécialement de deux échantillons de la
station 82. Ce sont tous deux des animaux très âgés, dans l'état actuel,
fortement contractés, encore longs de 110 millimètres, mais sans doute
beaucoup plus longs dans l'état vivant.

La tunique externe fait voir encore de nombreuses excroissances, quoique moins coniques, mais plus arrondies. C'est bien en raison de la forte
contraction des animaux que l'endostyle se tortille abondamment et aussi
que les endocarpes sont d'une grandeur énorme.

Dans la partie postérieure du corps, je trouve 4 endocarpes d'une
longueur de 35 millimètres et encore plusieurs un peu plus petits seulement.

Les gonades aussi sont grands, longs de 27 millimètres ; j'en trouve
trois à droite, deux à gauche. L'entonnoir vibratile a les cornes fortement
contournées en volute, mais sans former des spirales extraordinaires. La
condition de l'estomac n'est pas sans intérêt, car, à l'extérieur, je ne
trouvais d'abord pas trace de stries, et je le croyais à paroi lisse. Après le
lavage pourtant, les stries se montrent très nettement, non seulement en
dedans, mais aussi à l'extérieur de l'estomac.

Peut-être la même condition se trouve chez la *Styela (Tethyum)
spectabilis* de Herdman, et c'est pour cette raison que je crois intéressante
mon observation chez ces deux animaux de la station 82. Déjà Hartmeyer
a présumé la parenté étroite entre *St. verrucosa* et *spectabilis*, mais la

paroi lisse de l'estomac fut un obstacle pour les unir dans une espèce, quoique aussi Hartmeyer croie possible qu'il y ait des stries dans l'intérieur de l'estomac. Mon observation d'une paroi lisse à l'extérieur de l'estomac chez *St. verrucosa* rend donc encore plus probable que le *St. spectabilis* Herdman ne soit autre chose qu'un très grand échantillon de la *St. verrucosa*, toutes les autres différences n'ayant pas de grande valeur, prenant en considération la taille énorme du *St. spectabilis*.

11. Styela Drygalskii Hartmeyer.

(Pl. II, fig. 19.)

R. Hartmeyer, *Die Ascidien der deutschen Südpolar Exp.*, *1901-1903*, 1911, p. 452.

Dragage IX (N° 108) : 1 échantillon.

Le seul échantillon de cette espèce dans la collection de l'Expédition française correspond exactement avec la description qu'en donne Hartmeyer. Les mesures sont un peu différentes de celles données par Hartmeyer. A la base, l'animal est long de 22 millimètres ; il est haut de 8 millimètres et large de 10 millimètres. Aussi les deux siphons sont un peu plus développés que chez les échantillons de l'Expédition allemande.

L'entonnoir vibratile correspond avec celui de l'échantillon B de Hartmeyer, de même que les gonades. Aussi, dans les autres organes, notre animal a la plus grande ressemblance avec cet échantillon B.

12. Styela Grahami Sluiter.

C.-Ph. Sluiter, Tuniciers. *Exp. antarctique Française*, *1903-1905*, 1906, p. 39.
R. Hartmeyer, *Die Ascidien der deutschen Südpolar Exp.*, *1901-1903*, 1911, p. 436.

Dragage XV (N°s 723, 728) : 3 échantillons. — Dragage XVIII (N°s 811, 812, 833, 825, 840, 855) : 18 échantillons.

Tous ces échantillons ne diffèrent de la description que j'ai donnée auparavant de cette espèce qu'en des points secondaires. Les animaux que j'ai devant moi varient en longueur de 5 millimètres jusqu'à 75 millimètres, mais la première expédition du Dr Charcot avait déjà recueilli un animal de 90 millimètres. En principe, tous montrent une structure tout à fait égale ; seulement, en détail, il y a de petites différences. C'est ainsi que les vaisseaux longitudinaux, qui composent les plis du sac

branchial, déjà tellement réduits (au plus il n'y a que quatre côtes sur un pli), peuvent disparaître, à l'exception d'un seul vaisseau intact et quelques rudiments des autres ; et, chose curieuse, j'ai trouvé cette réduction spécialement chez des échantillons de grande taille, de 70 millimètres de longueur. Chez deux autres exemplaires grands de 75 millimètres, j'ai trouvé des vaisseaux longitudinaux entre le raphé dorsal et le premier pli, nommément quatre jusqu'à six, tandis qu'ordinairement on n'en trouve aucun.

Aussi le nombre des tentacules s'augmente chez les exemplaires plus âgés, de manière que, chez un animal de 70 millimètres (Station 855), je compte quinze tentacules, dont cinq sont plus petits, et chez deux exemplaires de 75 millimètres (Station 728), je trouve même vingt tentacules, dont aussi dix sont plus grands, quoique les autres soient déjà assez bien développés. Les gonades pourtant se trouvent toujours en forme d'une seule glande hermaphrodite de chaque côté, qui peut atteindre une longueur excessive, se recourbant en arrière et regagnant le milieu du corps. Aussi, chez les animaux plus âgés, les glandes sont beaucoup plus volumineuses que je ne l'ai représenté dans la figure 35 d'autrefois.

13. Styela **Wandeli** Sluiter.

C.-Ph. Sluiter, Une nouvelle espèce de *Tethyum (Styela)* provenant de l'Expédition antarctique française (1903-1905). *Bull. du Mus. d'Hist. nat.*, 1911, p. 37.
R. Hartmeyer, *Die Ascidien der deutschen Südpolar Exp., 1901-1903*, p. 456.

Dragage XV (N° 722) : 4 échantillons.

Les quatre exemplaires correspondent très bien avec la description que j'ai donnée des deux exemplaires, provenant de l'île Booth-Wandel, recueillis pendant la première expédition du Dr Charcot, mais par une erreur n'ont pas été mentionnés dans mon rapport sur les Tuniciers de cette expédition. Les exemplaires de la Station 722 sont à peu près de la même taille et ne donnent pas lieu à des remarques spéciales.

14. Styela tholiformis Sluiter.
(Pl. II, fig. 20-21 ; Pl. IV, fig. 42.)

Sluiter, *Bull. du Mus. d'Hist. nat.*, 1912, n° 7, p. 455.

Dragage XX (N° 804) : 1 échantillon sur une coquille vide, d'une profondeur de 460 mètres. Fond : vase sableuse, nombreux cailloux.

Caractères extérieurs. — Le seul animal obtenu a une forme de dôme, un peu oblong, attaché par la face basale tout à fait aplatie et entourée d'un bord mince. Avec le bord, l'animal est long de 22 millimètres et large de 18 millimètres, haut de 7 millimètres. Les deux orifices sont sessiles et distinctement entourés de quatre lobes. L'orifice branchial est situé au centre du dôme ; l'orifice cloacal, moins distinct, à mi-chemin entre le centre et le bord mince du dôme. La surface est granuleuse par les nombreux sillons, c'est-à-dire la surface libre du dôme, mais la partie basale et attachée est lisse, de même que le bord. La couleur dans l'alcool est gris brun pâle.

La *tunique externe* est coriace, excepté à la partie basale, qui est tout à fait membraneuse et plus ou moins transparente.

La *tunique interne* est mince et pourvue d'une musculature très faible. Seulement celle-ci est plus forte chez les deux siphons.

Le *sac branchial* a quatre plis médiocrement larges. Il y a six côtes longitudinales entre deux plis et aussi six côtes sur chaque pli, mais souvent il est impossible de tracer nettement où le pli commence. Il y a trois à cinq stigmates dans chaque maille.

Le *raphé dorsal* forme une membrane étroite et à bord lisse.

L'*entonnoir vibratile* est en forme de fer à cheval, les deux cornes à peine recourbées, l'un en dedans, l'autre en dehors.

Le *tube digestif* fait une double anse. L'œsophage est court, l'estomac assez spacieux et strié distinctement par plusieurs crêtes. L'anus est à bord lisse, sans papilles.

Les *tentacules* sont au nombre de trente, alternativement plus grands et plus petits, mais cette disposition n'est pas d'une régularité absolue.

Les *gonades* se trouvent de chaque côté en forme d'une seule glande ovarienne très longue, qui est entourée à la partie distale seulement de plusieurs vésicules testiculaires, qui se continuent encore derrière l'ovaire, s'embouchant dans le *vas deferens*, qui court au milieu des vésicules testiculaires. Les endocarpes sont assez nombreux et grands.

C'est une espèce très intéressante, spécialement au point de vue géographique. Elle ressemble nommément beaucoup à la *Styela orbicularis*

Sluiter, que j'ai décrite parmi les Tuniciers de la « Siboya » (1), et j'ai long-temps hésité pour en créer une nouvelle espèce. Même à présent, je crois très possible et même probable qu'avec un matériel plus ample il se démontrera que les deux formes doivent être réunies dans une seule espèce. Il y a pourtant de petites différences. Le sac branchial a sept côtes longitudinales entre deux plis chez la forme tropicale et six chez la forme antarctique; l'entonnoir vibratile en est un peu plus compliqué. Il y a trente tentacules chez la forme antarctique et trente-quatre chez la forme tro-picale, mais surtout les gonades montrent un arrangement un peu diffé-rent. Les deux grandes vésicules testiculaires qui se trouvent chez la forme tropicale près de la bouche du *vas deferens* font défaut chez la forme antarctique, chez laquelle toutes les vésicules testiculaires s'accumulent à la base de l'ovaire et même se continuent derrière l'ovaire. Pourtant toutes ces différences ne sont que peu signifiantes et, sans doute, les deux formes sont apparentées de près. C'est donc un fait curieux que les deux formes, apparentées de si près ou peut-être identiques, se retrouvent dans l'An-tarctique et dans les régions tropicales, et vivent à une profondeur non pas abyssale, quoique assez grande, nommément de 400 jusqu'à 700 mètres à peu près.

15. Styela serpentina Sluiter.
(Pl. II, fig. 22, 23, 24.)

Sluiter, *Bull. du Mus. d'Hist. nat.*, 1912, n° 7, p. 455.

Dragage XVIII (N°ˢ 813, 835) : 10 échantillons.

Caractères extérieurs. — Les plus grands échantillons sont longs de 45 millimètres, larges et épais de 15 à 17 millimètres. Les deux siphons sont courts, plus ou moins distincts, tous deux dirigés en avant et éloignés l'un de l'autre de 10 millimètres environ. Les deux orifices ont distincte-ment quatre lobes. La surface est glabre et absolument sans corps étran-gers, faiblement sillonnée, de manière que les sillons sont principalement parallèles à l'axe longitudinal. La couleur dans l'alcool est blanchâtre.

La *tunique externe* est assez épaisse, en partie plus ou moins cartila-

(1) Sluiter, *Die Tunicaten der « Siboya » Expedition*, I, 1904, p. 71.

gineuse, à la base pourtant plus fibreuse, toujours sans cellules vésiculaires.

La *tunique interne* est pourvue d'une musculature bien forte.

Le *sac branchial* est bien développé et pourvu de quatre plis larges. La distribution des côtes longitudinales correspond à la formule suivante : Raphé dorsal — 4 (20) 10 (20) 8 (18) 7 (12) 5 — Endostyle. Les côtes transversales sont de trois ordres, alternant régulièrement de la manière bien connue. Le nombre des stigmates dans les mailles est très variable, de manière qu'il s'accroît de la partie dorsale avec trois ou quatre stigmates dans chaque maille, à la partie ventrale avec douze à treize. Les stigmates sont longs et régulièrement occupés par des côtes transversales secondaires.

Le *raphé dorsal* est assez étroit et à bord lisse.

L'*entonnoir vibratile* est en forme de fer à cheval, arrondi, les deux cornes un peu recourbées en dedans et se touchant l'une l'autre.

Le *tube digestif* est relativement long. L'œsophage est assez court, mais déjà l'estomac est prolongé considérablement. La paroi de l'estomac est striée distinctement par dix-huit plis, qui pourtant sont peu profonds. L'intestin proprement dit surtout est plus long qu'ordinairement et fait deux ou même trois tours en spirale, quoique assez irréguliers. On voit, immédiatement derrière l'estomac, d'abord un gonflement de l'intestin, après le premier tour en spirale d'une partie grêle de l'intestin et après le second tour en spirale de la partie grosse de l'intestin, qui se continue dans le rectum, de nouveau assez grêle et dirigé en avant. Le bord de l'anus est pourvu de seize lobules digitiformes.

Les *tentacules* sont au nombre de quatorze, filiformes et à peu près de la même taille.

Les *gonades* sont en forme de deux longues glandes hermaphrodites de chaque côté. Chaque glande consiste en un tube central, qui forme l'ovaire, et en plusieurs petites branches courbées en crochet, de manière que douze environ débouchent dans le canal déférent, de l'un et de l'autre côté. De petits endocarpes sont attachés à la tunique interne, assez éloignés l'un de l'autre.

C'est une espèce bien curieuse, spécialement par rapport à l'intestin.

Je ne connais pas de forme de *Styela* et même pas d'Ascidien où l'intestin proprement dit se complique d'une telle manière. Chez un échantillon j'ai trouvé même trois tours en spirale, quoique ordinairement il y en ait deux. Tout l'intestin était rempli de vase avec maintes Diatomées, comme on le trouve chez tous les Ascidiens de ces régions, et je ne vois pas pour quelle raison, chez cette espèce, l'intestin est prolongé d'une telle manière.

Les gonades ont aussi une forme assez particulière, quoique pas différente, en principe, du type de *Styela*.

16. Styela Quidni Sluiter.
(Pl. II, fig. 25, 26, 27 ; Pl. IV, fig. 43.)
Sluiter, *Bull. du Mus. d'Hist. nat.*, 1912, n° 7, p. 456.

Dragage XVIII (N° 835) : 2 échantillons.

Caractères extérieurs. — Le plus grand des deux animaux est long de 15 millimètres, large de 10 millimètres et épais de 8 millimètres. Le siphon branchial, long de 4 millimètres, est dirigé en avant et recourbé un peu ventralement ; le siphon cloacal est plus court, dirigé aussi en avant, mais recourbé un peu dorsalement. L'animal est attaché par la partie basale assez large. Pour le reste, la surface est sans corps étrangers, sillonnée surtout transversalement, mais parfois divisée en petits compartiments. La couleur dans l'alcool est gris blanchâtre.

La *tunique externe* est partout mince, mais coriace, et d'une structure fibreuse.

La *tunique interne* est pourvue d'une musculature assez faible.

Le *sac branchial* a quatre plis étroits, et la distribution des côtes longitudinales correspond à la formule : Raphé dorsal — 2 (7 à 8) 4 (7 à 8) 4 (7 à 8) 4 (7 à 8) 2 — Endostyle. Dans les mailles, il y a de trois à sept stigmates allongés, souvent divisés en deux. Les côtes transversales sont de deux ordres, alternant régulièrement. Des côtes transversales secondaires occupent toujours les mailles. L'*endostyle* est assez étroit.

Le *raphé dorsal* est étroit et à bord lisse.

L'*entonnoir vibratile* est en forme de fer à cheval, avec les deux cornes droites.

Le *tube digestif* a un œsophage court, qui débouche dans l'estomac de

forme ovoïde. Celui-ci est pourvu de plis distincts, arrangés assez curieuse-
ment. Ils proviennent du côté gauche à angles aigus de l'axe longitudinal
de l'estomac à différents points, mais au côté droit ils courent parallèle-
ment à cet axe et proviennent tous de la partie cardiale de l'estomac. L'anse
de l'intestin est assez étroite, de sorte qu'il rejoint l'estomac. Le rectum
est courbé en forme de S et montre encore quelques renflements. L'anus
est entouré de dix papilles digitiformes assez courtes. A la partie pylorique
de l'estomac, on trouve un tout petit cæcum, à peu près rudimentaire.

Les *tentacules* sont de taille bien différente. Tout entier il y en a vingt,
dont six seulement sont assez grands, les autres petits ou très petits, même
rudimentaires.

Les *gonades* sont développés de chaque côté en forme de deux longs
tubes ovariens, qui serpentent plus ou moins. Ces deux tubes sont entourés
des deux côtés de groupes de vésicules testiculaires, qui sont séparés
totalement l'un de l'autre, sans former des vaisseaux efférents communs.
Plusieurs endocarpes sont attachés à la face interne de la tunique.

Cette espèce ressemble pour plusieurs points à la *Styela* (*Tethyum*)
Wandeli de la première expédition antarctique, décrite par moi dans le
Bulletin du Muséum d'histoire naturelle (1911, n° 1, p. 37). Pourtant il y
a des différences assez grandes pour les considérer comme deux espèces
bien caractérisées. La distribution des côtes longitudinales et aussi le
nombre des stigmates dans les mailles dans le sac branchial sont différents,
et aussi les tentacules sont moins nombreux. Chez les deux espèces, on
trouve deux tubes ovariens de chaque côté, mais l'arrangement des vésicules testiculaires est différent. Aussi le cæcum à la partie pylorique de
l'estomac est beaucoup plus petit chez la *St. Quidni* que chez *St. Wandeli*.
L'arrangement des plis de l'estomac se ressemble pourtant beaucoup chez
les deux espèces. Avec un matériel beaucoup plus abondant, on trouvera
peut-être des formes transitoires, et on pourra alors y réunir les deux
espèces, mais pour le moment je crois plus sûr de les considérer comme
deux espèces distinctes.

17. Styela insinuosa Sluiter.

(Pl. II, III, fig. 28-35; Pl. IV, fig. 44.)

Sluiter, *Bull. du Mus. d'Hist. nat.*, 1912, n° 7, p. 457 (*Tethyum insinuosum*).

Dragage XVIII (N°s 813, 835) : 6 échantillons.

Caractères extérieurs. — Les 4 échantillons de la Station 813 sont de grande taille, longs de 6 centimètres, larges et épais de 2 à 2^{cm},5, de forme cylindrique, arrondis aux deux extrémités et attachés par la base. Les deux siphons sont tout en avant du corps, rapprochés l'un de l'autre, assez courts, mais très distincts. Les deux orifices sont distinctement à quatre lobes. La surface chez les grands animaux est sillonnée profusément, tellement elle est divisée tout entière en petits compartiments. Chez les deux petits animaux de la Station 835, long de 18 et 9 millimètres seulement, la surface est beaucoup moins sillonnée, les excroissances visibles seulement sous la loupe, et chez l'animal de 9 millimètres la surface est à peu près toute lisse. La couleur des grands animaux dans l'alcool est gris jaunâtre, chez les petits toute clair et plus ou moins transparente.

La *tunique externe* est très mince, mais coriace.

La *tunique interne* est pourvue d'une musculature bien forte.

Le *sac branchial* a une structure remarquable. Il n'y a pas de plis proprement dits, mais, de chaque côté, on trouve quatre côtes longitudinales très larges. Entre ces quatre côtes il n'y a plus de côtes longitudinales primaires, mais seulement les stigmates. Chez les jeunes animaux je trouve seize à dix-huit stigmates, largement ouverts, entre deux côtes et encore quatre ou cinq très étroits et très serrés l'un contre l'autre, ce qui est peut-être une indication ou un rudiment des plis. Parfois on trouve des stigmates de la double longueur, occupant l'espace de deux rangées de stigmates. Les côtes transversales chez les petits animaux sont de deux ordres, alternant régulièrement et serpentant auprès des côtes longitudinales. Chez les grands animaux, le nombre des stigmates s'est augmenté énormément, jusqu'à quatre-vingt-dix environ, mais cette région entre deux côtes longitudinales n'est plus entièrement plate, mais pliée légèrement comme ordinairement chez *Phallusia*. Aussi les côtes transversales sont de trois ordres, sans compter les côtes secondaires ou parasigmatiques.

Plusieurs parties du sac branchial sont très irrégulières chez les grands animaux. L'endostyle est étroit.

Le *raphé dorsal* est étroit et à bord lisse.

L'*entonnoir vibratile* est en forme de fer à cheval, les deux cornes droites chez les jeunes, contournées en volutes chez les grands.

Le *tube digestif* n'est pas très volumineux. L'œsophage court se continue sans limite distincte dans l'estomac relativement long, mais peu volumineux et situé longitudinalement. Il est pourvu de vingt stries longitudinales peu profondes. L'intestin proprement dit se recourbe alors en double anse et possède dans la seconde courbure un renflement long avant de se continuer dans le rectum étroit, qui est beaucoup plus long chez les grands. Le bord de l'anus est renflé, mais sans papilles proprement dites.

Les *tentacules* sont filiformes; chez les jeunes animaux, j'en trouve vingt encore tout petits ; chez les grands, j'en compte trente-deux, qui sont de trois tailles différentes, arrangées comme d'ordinaire, selon le schème : 1 2 3 2 1.

Les *gonades* sont en forme de longs tubes ovariens, un du côté gauche, deux du côté droit. A la partie postérieure, ils sont entourés par des groupes de vésicules testiculaires, qui débouchent dans le canal déférent, qui court tout le long de l'ovaire. Tout en avant, l'oviducte et le canal déférent se séparent, et les deux bouches sont distinctement isolées l'une de l'autre. Plusieurs endocarpes sont attachés à l'intérieur de la tunique interne.

Cette espèce est remarquable, spécialement par son sac branchial. On connaît déjà bien des espèces de *Styela*, chez lesquelles les plis du sac branchial sont plus ou moins rudimentaires, mais, chez notre *Styela insinuosa* ils sont disparus totalement. La dernière indication pourrait être seulement l'accumulation des stigmates auprès des quatre côtes longitudinales. Non seulement il n'y a plus de plis, mais aussi les côtes longitudinales se sont réduites à quatre seulement de chaque côté, qui prennent la place des plis. Au contraire, le nombre des stigmates entre ces côtes s'est augmenté énormément. Aussi les gonades sont un peu différents, mais ressemblent aux gonades de *Styela Grahami* Sluit, quoique chez cette espèce il n'y ait qu'un tube ovarien de chaque côté. En somme, je crois que les deux espèces sont plus ou moins apparentées, quoique bien différentes, car spécialement le sac branchial chez *St. Grahami* est plus différencié, quoique les six plis soient déjà très étroits.

18. Corella eumyota Traustedt.

Corella Novaræ v. Drasche, *Denkschr. Ak. Wien.*, Bd. XLVIII, 1884.
Corella antarctica Sluiter, Tuniciers. *Exp. antarctique Française*, 1903-1905, 1906,
    p. 31.
Corella eumyota Traustedt, vide : R. Hartmeyer, *Die Ascidien der Deutschen Südpolar
    Exp.*, 1901-1903, p. 458, où se trouve aussi une notice de la littérature.

Dragage VIII (No 82) : 2 échantillons.

Après l'exposé de Hartmeyer et de Herdman et spécialement après les nouvelles observations du premier savant, je crois indiqué qu'il faut supprimer la *Corella antarctica* comme bonne espèce, et je n'ai rien à ajouter aux considérations critiques du Dr Hartmeyer. Les deux exemplaires obtenus par le « Pourquoi Pas? » n'avaient respectivement qu'une longueur de 40 millimètres et 20 millimètres.

19. Phallusia Charcoti Sluiter.

Sluiter, Tuniciers. *Exp. antarctique Française*, 1903-1905, 1906, p. 34.
Hartmeyer, *Die Ascidien der deutschen Südpolar Exp.*, 1901-1903, 1911, p. 466.

Dragage II (No 1) : plusieurs échantillons. — Dragage XI (No 240) : 5 échantillons. — Dragage XIVᶜ (No 720) : 5 échantillons. — Dragage XV (Nos 722, 728, 758) : 8 échantillons. — Dragage XVIII (Nos 811, 812) : plusieurs échantillons.

L'examen de tous ces échantillons de cette espèce très commune dans l'Antarctique ne donne pas lieu à beaucoup de nouvelles observations. Je puis confirmer l'observation de Hartmeyer que chez les animaux tout jeunes, jusqu'à une longueur de 10 millimètres environ, toute la surface est couverte de papilles coniques, qu'on ne trouve chez les exemplaires plus grands que sur les siphons. Selon Hartmeyer, elles peuvent quelquefois aussi se conserver chez les adultes. Les deux exemplaires très grands du Dragage XVIII, au contraire, ont perdu toutes les papilles même sur les deux siphons. Ce sont les plus grands exemplaires connus, longs de 19 centimètres et larges de 10 centimètres ; mais malheureusement la tunique interne s'était tellement contractée que les organes internes étaient tout à fait déformés et assez difficiles à examiner. Le sac branchial montre la structure typique des animaux adultes, seulement l'entonnoir vibratile était plus compliqué ; les deux cornes s'entortillent irrégulièrement sans former des spirales, une forme pourtant, qui se trouve aussi déjà chez des animaux plus petits.

20. Cystodites antarcticus Sluiter.

Sluiter, *Bull. du Mus. d'Hist. nat.*, 1912, n° 7, p. 450.

Dragage XIII° (N° 627) : 1 échantillon.

Caractères extérieurs. — La seule colonie obtenue forme un petit disque gélatineux d'un diamètre de 11 millimètres et épais de 4 millimètres. La petite colonie ne forme qu'un système avec un orifice cloacal commun au centre. La surface libre de la colonie montre des compartiments polygonaux un peu bombés, correspondant chacun avec un ascidiozooïde, que l'on peut discerner dans la tunique commune transparente, comme des taches foncées. Les compartiments sont séparés l'un de l'autre par des lignes blanchâtres, peu distinctes, causées par les couches des disques calcaires, entourant les ascidiozooïdes.

Les *ascidiozooïdes* sont longs de 3 millimètres et divisés en thorax et abdomen, qui ont la même grandeur et sont réunis par une manche très étroite.

La *tunique externe* est molle et gélatineuse et consiste pour la plus grande partie en de grandes cellules vésiculaires. Autour de chaque animal est formée la couche typique de disques calcaires, qui atteignent un diamètre de $0^{mm},272$ et enveloppent à peu près trois quarts des animaux.

La *tunique interne* n'est pourvue que d'une musculature très faible.

Le *sac branchial* est assez petit et possède quatre rangées de stigmates allongés. L'endostyle est large et proéminent.

Le *raphé dorsal* est en forme de trois languettes longues.

L'*entonnoir vibratile* est en forme de cercle.

Le *tube digestif* avec un œsophage court, un estomac sphérique à paroi lisse, l'anus au milieu du thorax, aussi à bord lisse.

Les *gonades*, comme d'ordinaire, sont dans l'anse de l'intestin et en partie sur l'intestin.

C'est le premier *Cystodytes* rapporté des régions antarctiques. Son anatomie interne ne diffère guère des autres espèces de *Cystodytes* et, quant aux disques calcaires, ils tiennent le milieu entre les formes *C. phillipensis* Herdm., *C. variabilis* Sluit., *C. rufus* Sluiter, d'un côté, et le *C. semicataphractus* Sluit., d'un autre côté.

21. Tylobranchion antarcticum Herdman.

Herdman, Tunicata. *Report « Southern Cross »*, p. 193, 1902.
Sluiter, Tuniciers. *Exp. antarctique Française, 1903-1905*, p. 10, 1906.
Hartmeyer, *Die Ascidien der Deutschen Sudpolar Exp.*, p. 472, 1911.

Dragage XVIII (N° 833) : 1 échantillon.

Le seul échantillon obtenu est évidemment encore très jeune et ne contient que deux ascidizooïdes. Quant à l'anatomie, je n'ai rien à ajouter aux observations de Herdman, de Hartmeyer et de moi-même. Hartmeyer ne doute pas que les papilles bifurquées soient des côtes longitudinales rudimentaires, et moi aussi j'ai reconnu que cette interprétation n'est pas improbable. Pourtant, jusqu'à présent, il n'y a pas de preuves décisives, et ce n'est donc que provisoirement qu'on peut ranger le *Tylobranchion* dans la famille des *Diazonidæ*. Pour la question de la bipolarité, il est d'un intérêt spécial que l'on soit justifié de placer le *Tylobranchion* dans cette famille, car alors il remplacera la *Diazona* des régions septentrionales dans les mers antarctiques. Mais, de l'autre côté, on ne saurait tirer cette conséquence qu'avec une certaine réserve, à cause de l'incertitude de la place systématique du *Tylobranchion*.

22. Holozoa cylindrica Lesson.

Holozoa cylindrica Lesson, dans Duperray, *Voyage de la « Coquille »*, vol. II, p. 430, 1830.
   ?   *ignotus* Herdman. *Challenger Report*, Tunicata, p. 251, 1886.
Julinia australis Calman, *Quart. Journ. microsc. Sc.*, V, 37, p. 14, 1894.
Distaplia ignota Herdman, *Report « Southern Cross »*, p. 197, 1902.
Julinia ignota Sluiter. Tuniciers. *Exp. antarctique Française, 1903-1905*, 1906, p. 8.
Julinia ignota Michaelsen, *Hamburg. Magalh. Sammelreise*, vol. I, p. 40.
Holozoa cylindrica Hartmeyer, *Die Ascidien der Deutschen Sudpolar Exp.*, p. 474, 1911.

Ile Petermann et îlot Goudier, près de l'île Petermann (N°s 184 et 227).

Quelques fragments d'une longueur différente, de quelques décimètres jusqu'à 4m,50.

L'anatomie de cette espèce curieuse est à présent très bien connue, et je n'ai rien à ajouter, seulement je veux corriger une erreur dans la figure 7 de la planche I. Par une bévue inconcevable, le raphé dorsal est représenté par plusieurs languettes au lieu de trois.

Quant à la remarque de Hartmeyer sur la grandeur de la colonie, suivant laquelle il croit impossible que la colonie atteignît la longueur extravagante de 43 mètres, comme le Dr Charcot en a signalé, chez un exemplaire, je me permets de faire l'observation suivante. J'ai devant moi, à présent, un exemplaire tout à fait intact et avec les ascidiozooïdes tous normaux, d'une longueur de plus de 4 mètres, et, d'après une notice du Dr Liouville, la colonie toute fraîche mesurait 5m,60. La colonie est rompue des deux bouts et, par conséquent, a été plus longue, et probablement même beaucoup plus longue. Hartmeyer croit que la longueur totale ne dépassera pas 2 mètres, ce qui est prouvé être inexact par l'exemplaire authentique de plus de 5 mètres. Hartmeyer croit possible que l'observation du Dr Charcot, d'un exemplaire de 43 mètres, ait rapport à un tentacule de la Méduse *Desmonema* et non pas à la *Holozoa cylindrica*, parce qu'il pense absolument impossible que la colonie puisse atteindre une telle longueur, seulement par cause du mouvement vigoureux de l'eau pendant une tempête. Je crois pourtant que cet argument n'est pas inattaquable, car, dans une profondeur de 300 mètres et plus d'où proviennent plusieurs échantillons de notre espèce, le mouvement de l'eau par une tempête est nul, tandis que les courants de mer dans cette profondeur sont tellement faibles et réguliers qu'ils n'empêcheront guère la croissance extrême de la colonie. Aussi notre colonie n'est certainement pas plus fragile qu'un tentacule de *Desmonema*, et, quand celle-ci peut atteindre une longueur de 40 mètres, je ne vois pas pourquoi aussi notre colonie de *Holozoa cylindrica* ne saurait pas atteindre une pareille longueur.

Je crois donc que, jusqu'à présent, on n'a pas le droit de déclarer l'observation du Dr Charcot impossible, et qu'il n'y a pas d'argument décisif que la colonie ne puisse atteindre une longueur encore beaucoup plus grande que 5m,60, la longueur authentique de l'objet devant moi actuellement.

23. Macroclinum magnum Sluiter.

Lissamaroucium magnum Sluiter. Tuniciers. *Exp. antarctique Française, 1903-1905,* 1906, p. 19.
Lissamaroucium magnum Hartmeyer, *Die Ascidien der Deutschen Südpolar Exp.,* *1901 1903,* 1911, p. 514.

Dragage XVII (N° 530) : 1 échantillon. — Dragage XV (N° 758) : 1 échantillon. — Dragage XVIII (Nos 784, 841, 1009) : 9 échantillons.

Dans mon travail sur les Tuniciers de la première Expédition antarctique du Dr Charcot, j'avais déjà porté l'attention sur la grande ressemblance de cette espèce avec le *Macroclinum (Aplidiopsis) pomum* Sars, et je proposais de réunir les deux espèces dans le nouveau genre : *Lissamaroucium.* Plus tard Hartmeyer nous a donné l'histoire critique du genre *Macroclinum* et a éclairci la valeur de ce genre. Le résultat de cette recherche est que le *Lissamaroucium* est synonyme avec *Macroclinum* et qu'il faut, par conséquent, supprimer le nom *Lissamaroucium.*

J'ai devant moi, à présent, quelques colonies encore très jeunes, qui donnent une idée du développement des systèmes. La plus petite colonie obtenue est haute de 3 centimètres et se compose de trois systèmes de cinq à sept animaux. Deux autres colonies, encore en forme de massue haute de 5 centimètres et large de 15 millimètres, se composent de cinq et de six systèmes et sont attachées sur une masse gélatineuse et d'une couleur jaune brunâtre et fortement rugueuse à la surface, ressemblant à la partie basale de la grande colonie que j'ai décrite et figurée dans ma publication mentionnée plus haut. Dans cette partie basale, je trouve de nombreux globules brunâtres avec un diamètre de 0mm,6, consistant en une masse cellulaire peu distincte. Plusieurs d'entre eux pourtant, à la base du manche de la massue, commencent à éclore, en formant de jeunes individus. Ce sont donc bien les gemmes qui hivernent dans cette partie basale de la colonie.

24. Macroclinum pererratum Sluiter.
(Pl. III, fig. 36; Pl. IV, fig. 45.)

Sluiter, *Bull. du Mus. d'Hist. nat.*, 1912, n° 7, p. 458.

Dragage XV (N° 243) : 1 échantillon. — Dragage XVIII (N° 1009) : 2 échantillons.

Caractères extérieurs. — Les colonies forment de grands lambeaux, ayant jusqu'à 10 centimètres de long et de large ou plus étroits et épais de 5 à 10 millimètres. Elles étaient attachées sur quelque substratum par la face inférieure, mais ces corps étrangers ne sont pas conservés. La surface libre est gris foncé, à cause des nombreux grains de sable noirs et grisâtres, placés dans la tunique externe et qui sont aussi la cause de la rudesse de la surface. Les ascidiozoïdes saillent un peu en forme de petits dômes de la surface et forment de longues lignes plus ou moins régulières, souvent parallèles l'une à l'autre, courbées et serpentantes, parfois distinctement en doubles lignes, mais sans former des systèmes distincts. On ne trouve pas non plus d'orifices cloacaux communs.

Les *ascidiozoïdes* sont longs de 8 millimètres, dont $2^{mm},5$ pour le thorax, 3 millimètres pour l'abdomen et $2^{mm},5$ pour le post-abdomen. Le post-abdomen n'est pas à manche, mais se prolonge sans incision dans l'abdomen. L'orifice branchial a 6 lobes ; l'orifice cloacal a une languette tricuspidale.

La *tunique externe* est assez tenace et abondamment imprégnée de grains de sable. Dans la matrice, on trouve seulement les petites cellules en astérisque ; les cellules vésiculaires font absolument défaut.

La *tunique interne* n'est pourvue que d'une musculature très faible.

Le *sac branchial*, bien développé, a treize à quatorze rangées de stigmates allongés. Il y a douze ou treize stigmates dans une rangée. L'endostyle est étroit.

Le *raphé dorsal* est formé, comme d'ordinaire, de treize languettes assez longues et pointues.

L'*entonnoir vibratile*, relativement grand, est en forme de cercle.

Le *tube digestif* commence par un œsophage long et droit, parallèle à l'axe longitudinal du corps. L'estomac est petit, piriforme et à paroi lisse. Après l'estomac, l'intestin proprement dit se recourbe immédiatement dorsalement puis en avant, s'élargit considérablement, formant des renflements larges dans le rectum. L'anus a le bord renflé et incisé, mais sans vraies papilles, et est situé au niveau du milieu du thorax.

Les *tentacules* sont au nombre de seize. Ils sont courts, mais forts.

Les *gonades* sont bien développés dans le post-abdomen. L'ovaire est petit et ne contient que six à huit œufs plus grands. La plus grande partie de l'abdomen est occupée par les vésicules testiculaires.

Cette espèce diffère sous quelques rapports des autres espèces que Hartmeyer a réunies dans ce genre. Déjà la forme extérieure est différente, car toutes les autres espèces sont plus ou moins massives, globulaires, mais non étendues en lambeaux, comme notre nouvelle espèce. De plus, la forme du post-abdomen est différente, ayant la même longueur que l'abdomen, tandis que, chez les autres, le post-abdomen est beaucoup plus long. Pourtant ces caractéristiques n'ont pas une valeur générique, et même on connaît déjà quelques formes transitoires. De l'autre côté, l'estomac à paroi lisse et le post-abdomen sans manche établissent sans doute pour le présent la place de cette espèce dans le genre *Macroclinum*.

25. **Amaroucium vastum** Sluiter.
(Pl. III, fig. 37 ; Pl. IV, fig. 46.)

Sluiter, *Bull. du Mus. d'Hist nat.*, 1912, n° 7, p. 458.

Dragage XV (N° 244) : 3 échantillons intacts et plusieurs débris. — Dragage XVIII (N°s 787, 788) : 2 échantillons.

Caractères extérieurs. — Les colonies forment des masses irrégulièrement arrondies, d'une grandeur considérable, la plus grande mesurant 20 centimètres en diamètre. Pour la plus grande partie, la surface est lisse avec des sillons par-ci, par-là ; seulement à la base, avec laquelle la colonie était attachée, la surface est pliée et sillonnée irrégulièrement. La couleur dans l'alcool est gris pâle et la surface un peu sablonneuse. Les ascidiozoïdes sont distribués régulièrement, serrés l'un contre l'autre, formant à la surface des compartiments tétragones, pentagones ou hexagones, laissant seulement de minces lamelles de la tunique externe entre eux. Cette division en compartiments n'est pourtant pas toujours également distincte. Les orifices branchiaux sont à six lobes, les orifices cloacaux communs sont assez rares.

Les *ascidiozoïdes* sont longs jusqu'à 12 millimètres, dont $2^{mm},5$ pour le thorax, $2^{mm},5$ pour l'abdomen et 7 millimètres pour le post-abdomen.

qui est très étroit. L'orifice branchial a six lobes distincts ; l'orifice cloacal est pourvu d'une languette tricuspidale, médiocrement longue.

La *tunique externe* commune est résistante, quoique gélatineuse, parsemée de petits grains de sable sur toute son étendue, mais beaucoup plus profusément dans la partie extérieure, pour 15 à 16 millimètres d'épaisseur environ, que dans la partie centrale, qui ne contient plus des animaux, mais seulement des prolongements vasculaires. Aussi les minces lamelles entre les ascidiozooïdes hébergent beaucoup de ces grains de sable.

La *tunique interne* n'a qu'une musculature très faible.

Le *sac branchial* est bien développé et pourvu de quatorze rangées de quatorze stigmates environ de chaque côté. Les stigmates sont longs et assez étroits. L'endostyle est médiocrement développé.

Le *raphé dorsal* est en forme de treize languettes longues et pointues. L'*entonnoir vibratile* est de forme un peu ovale.

Le *tube digestif* commence par un œsophage droit, dirigé directement en arrière. L'estomac a une forme plus ou moins quadrangulaire et est pourvu de dix plis distincts. Derrière l'estomac, l'intestin proprement dit montre encore un renflement avant de se recourber en avant. Tout l'intestin est peu volumineux. L'anus est situé à peu près au milieu du thorax et a le bord engrêlé, mais sans papilles digitiformes.

Les *gonades* sont situés dans la partie proximale du post-abdomen, l'ovaire en avant des vésicules testiculaires.

Cette espèce est bien différente des autres espèces d'*Amaroucium* connues de l'Antarctique, ainsi que des espèces que j'ai décrites de la première Expédition Charcot dans le genre *Psammaplidium* : notamment *Ps. ordinatum*, *Ps. triplex*, *Ps. radiatum* et *Ps. annulatum*.

On peut hésiter sur les raisons qu'il y a de compter cette espèce dans les genres *Aplidium* ou *Amaroucium* ; pourtant le post-abdomen est assez long, et le nombre des rangées des stigmates assez grand ; pour ces causes, je crois plus rationnel pour le présent de la considérer comme un *Amaroucium*.

23. **Amaroucium longicaudatum** Sluiter.
(Pl. III, fig. 38.)

Sluiter, *Bull. du Mus. d'Hist. nat.*, 1912, n° 7, p. 459.

Dragage XVIII (N° 1009) : 2 échantillons.

Caractères extérieurs. — Le plus grand échantillon est long de 9 centimètres, large et épais de 6 centimètres, formant une masse ovoïde, plus ou moins gélatineuse. On peut facilement discerner les ascidiozooïdes à travers la tunique semi-transparente, qui a dans l'alcool une couleur gris sale. Les ascidiozooïdes sont répandus irrégulièrement dans la tunique commune, sans former de systèmes distincts. Il n'y a pas d'orifices cloacaux communs.

Les *ascidiozooïdes* sont longs de 26 millimètres environ, dont 4 millimètres pour le thorax, 2 millimètres pour l'abdomen et 20 millimètres au moins pour le post-abdomen, qui est très long et très mince. L'orifice branchial a six lobes; l'orifice cloacal a une languette longue, spatulée à l'extrémité libre, mais non divisée en lobes.

La *tunique externe* est un peu molle et gélatineuse et parcourue jusque dans les parties intérieures par les longs post-abdomens, qui se croisent en toute direction. Elle ne contient que très peu de grains de sable, qui sont un peu plus nombreux à la surface qu'à l'intérieur. Il n'y a pas de cellules vésiculaires.

La *tunique interne* est pourvue d'une musculature très forte, qui se prolonge aussi sur le post-abdomen.

Le *sac branchial* à vingt rangées de stigmates. Les stigmates sont ovales et relativement courts. Dans les rangées au milieu du sac branchial, on compte dix-huit stigmates.

L'endostyle est très fort et serpentant dans l'état plus ou moins contracté.

Le *raphé dorsal* consiste en nombreuses languettes médiocrement longues.

L'*entonnoir vibratile* est en forme de cercle.

Le *tube digestif* est assez court. L'œsophage, très court, débouche dans l'estomac, qui a une forme quadrangulaire par les quatre plis profonds. L'intestin proprement dit montre un peu derrière l'estomac encore un gonflement et se recourbe immédiatement derrière celui-ci en avant, croise l'estomac et se termine dans l'anus à bord lisse et situé au milieu du thorax.

Les *tentacules* sont au nombre de douze, alternativement plus grands et plus petits.

Les *gonades* se trouvent dans la partie antérieure, longue de 2 milli-mètres, du post-abdomen. L'ovaire, beaucoup plus petit, est plus en avant; les vésicules testiculaires, beaucoup plus longues, plus en arrière. Derrière cette partie sexuelle, le post-abdomen s'amincit immédiatement et se pro-longe dans l'appendice filiforme, qu'on trouve partout dans l'intérieur de la tunique commune.

Aussi cette espèce est bien différente des espèces connues jusqu'à présent des régions antarctiques, y compris les espèces que j'ai décrites sous le nom de *Psammaplidium*. Le nombre élevé des rangées de stig-mates, le long post-abdomen et les plis dans la paroi de l'estomac, carac-térisent ces deux colonies certainement comme un *Amaroucium*. Tout l'aspect de la colonie et aussi des ascidiozoïdes ressemble assez à *Macro-clinum (Lissamaroucium)*, mais les plis de l'estomac empêchent de placer cette forme dans ce genre.

27. **Aplidium ordinatum** Sluiter.

Psammaplidium ordinatum Sluiter, Tuniciers. *Exp. antarctique Française, 1903-1905*, 1906, p. 22.

Dragage XVIII (N° 789) : 1 échantillon.

L'anatomie des ascidiozoïdes correspond exactement à celle des ani-maux que j'ai décrits auparavant. Les quatre plis de l'estomac ne sont que faiblement développés. Quant aux caractères extérieurs, il faut pour-tant remarquer que l'arrangement des ascidiozoïdes en lignes régulières n'est plus tellement distinct, comme chez les colonies de la première expédition. Les colonies de l'Expédition du « Pourquoi Pas? » sont cependant plus grandes, et probablement, la régularité de l'arrangement en lignes disparaît quand les colonies agrandissent.

28. **Didemnum (Leptoclinum) biglans** Sluiter.

Leptoclinum biglans Sluiter, Tuniciers. *Exp. antarctique Française, 1903-1905*, p. 29.
Leptoclinum biglans Michaelsen, *Tunicaten der Hamburgschen Magalhaenschen Sam-melreise*, p. 39, 1907.
Didemnum biglans Hartmeyer, *Die Ascidien der deutschen Südpolar Exp., 1901-1903*, p. 499, 1911.

Dragage XIVᶜ (N° 625) : quelques fragments de colonies; profondeur, 85 mètres.

La plupart de ces fragments de colonies sont plus ou moins dans l'état d'hibernation, de manière que seulement en quelques parties se trouvent encore les ascidiozooïdes, accompagnés des amas ovoïdes de corpuscules calcaires.

Dans d'autres parties des colonies, il ne se trouve que ces amas ovoïdes, tandis que les ascidiozooïdes sont déjà disparus, et enfin aussi ceux-ci sont résorbés, et on ne trouve dans la masse gélatineuse de la tunique externe que des œufs ou des gemmes.

29. Leptoclinum (Diplosoma) longinquum Sluiter.
(Pl. III, fig. 39.)

Sluiter, *Bull. du Mus. d'Hist. nat.*, 1912, n° 7, p. 460.

Dragage VIII (N° 83) : 1 échantillon.

Caractères extérieurs. — Cette seule colonie forme une masse gélatineuse, longue de 20 millimètres et à peu près de la même largeur, attachée autour du tube d'un Annélide tubicole. On peut discerner distinctement trois orifices cloacaux communs, autour desquels les ascidiozooïdes sont arrangés en cercle plus ou moins régulier.

Les *ascidiozooïdes* sont assez grands, longs de 4 millimètres. Ils se présentent comme des taches jaunes ou blanchâtres dans la masse gélatineuse de la tunique externe. Ils sont divisés en thorax et abdomen, le premier long de 2ᵐᵐ,5, le dernier de 1ᵐᵐ,5. L'orifice branchial a distinctement six lobes; l'orifice cloacal est sessile, ovale, sans lobe et sans languette.

Le *sac branchial* a quatre rangées de stigmates longs et étroits. Il y a de douze à quatorze stigmates dans chaque rangée. L'endostyle est assez large.

Le *raphé dorsal* est en forme de trois languettes longues.

L'*entonnoir vibratile* a la forme d'un petit cercle.

Le *tube digestif* commence par un œsophage court et étroit. L'estomac est relativement grand, globuleux et à paroi lisse. L'intestin proprement dit se recourbe immédiatement derrière l'estomac en avant et débouche dans l'anus à bord lisse, à peu près au milieu du thorax.

Les *tentacules* sont longs et filiformes. Il y en a dix de grande taille, mais en plus encore quelques-uns beaucoup plus petits.

Les *gonades* sont, comme d'ordinaire, à côté de l'intestin. Il y a deux vésicules testiculaires; le canal déférent est droit et ne forme pas de tours spiralés. On trouve fréquemment de jeunes individus en voie de bourgeonnement pylorique.

C'est le premier *Leptoclinum* (*Diplosoma*) connu jusqu'à présent des régions antarctiques et qui ne diffère que très peu des autres espèces de ce genre. Pourtant la colonie est petite, et il n'y a qu'un seul échantillon, de sorte que les mers antarctiques ne sont probablement pas favorables à l'évolution du *Leptoclinum*.

30. Salpa fusiformis Cuv.

Voir pour la littérature : *Das Tierreich. Ihle. Salpae 1. Desmomyaria*, p. 40.

Près l'île Hoseason (N° 15), 24 décembre 1908 : plusieurs échantillons. — N° 865 : quelques échantillons.

Les échantillons que j'ai devant moi correspondent mieux avec la forme *S. fusiformis fusiformis* qu'avec la forme *S. fusiformis aspera*, aussi bien les *Proles gregarata* que les *Proles solitaria*. Le corps est distinctement fusiforme et non cylindrique. Il n'y a pas de bords grenellés, seulement les quatre muscles antérieurs sont un peu plus détachés que chez la forme *S. fusiformis fusiformis*. Il faut compter les échantillons de l'Expédition du « Pourquoi Pas? » comme se rattachant à la forme *fusiformis* et non pas à *aspera*, quoique jusqu'à présent la forme *S. aspera* fût seulement connue comme la forme aussi antarctique.

EXPLICATION DES PLANCHES

Fig. 31. — *Styela insinuosa* Sluiter. L'intestin et endocarpes (N° 835).
Fig. 32.　　—　　—　　— Partie du sac branchial, peu grossie (N° 813).

PLANCHE III

Fig. 33.　　—　　—　　— L'entonnoir vibratile (N° 813).
Fig. 34.　　—　　—　　— Partie du sac branchial, plus grossi (N° 813).
Fig. 35. — *Styela insinuosa* Sluiter. Les deux gonades d'un côté (N° 813).
Fig. 36. — *Macroclinum pererratum* Sluiter. Un ascidiozooïde.
Fig. 37. — *Amaroucium vastum* Sluiter. Un ascidiozooïde.
Fig. 38.　　— *longicaudatum* Sluiter. Un ascidiozooïde.
Fig. 39. — *Leptoclinum (Diplosoma) longinquum* Sluiter. Un ascidiozooïde.

PLANCHE IV

Fig. 40. — *Pyura Discoveryi* Herdman. L'animal, grandeur naturelle.
Fig. 41.　　— *Liouvillia* Sluiter. L'animal, grossi deux fois.
Fig. 42. — *Styela tholiformis* Sluiter. L'animal, grossi trois fois.
Fig. 43.　　— *Quidni* Sluiter. L'animal, grossi deux fois.
Fig. 44.　　— *insinuosa* Sluiter. L'animal, grandeur naturelle (N° 813).
Fig. 45. — *Macroclinum pererratum* Sluiter. La colonie, grandeur naturelle
Fig. 46. — *Amaroucium vastum* Sluiter. La colonie, grandeur naturelle.

Pl. I.

Tuniciers.

Imp. L. Lafontaine. Paris

Masson & C.ᵉ éditeurs.

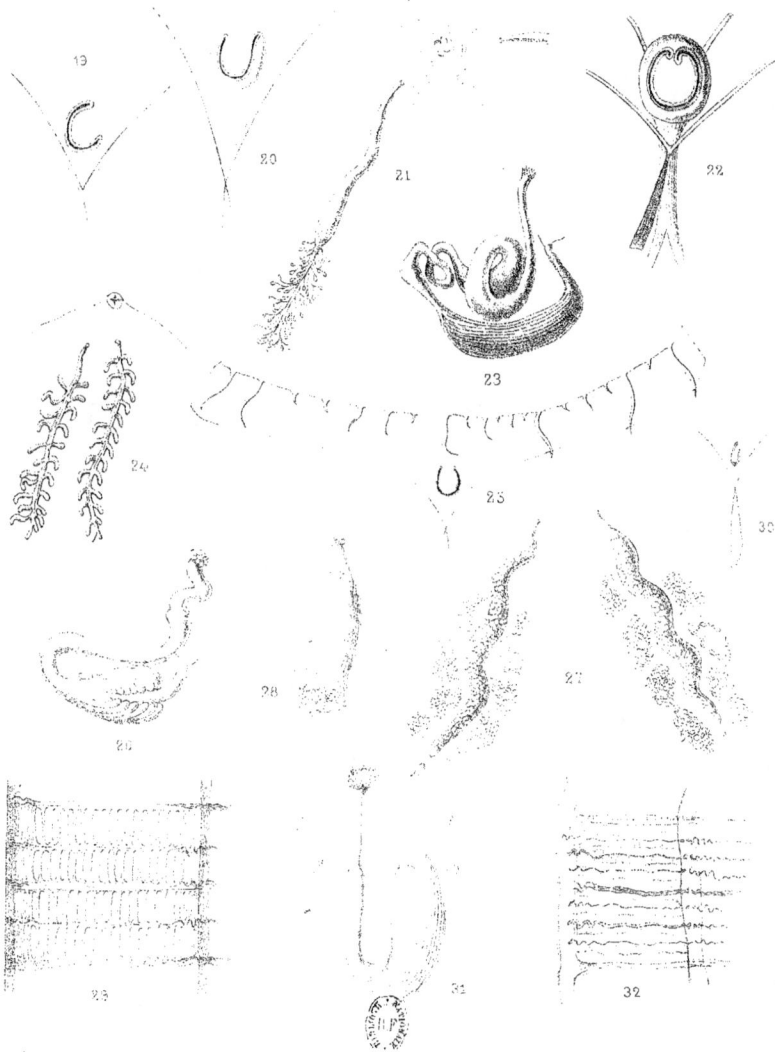

Berger, lith.

Imp. L. Lafontaine, Paris.

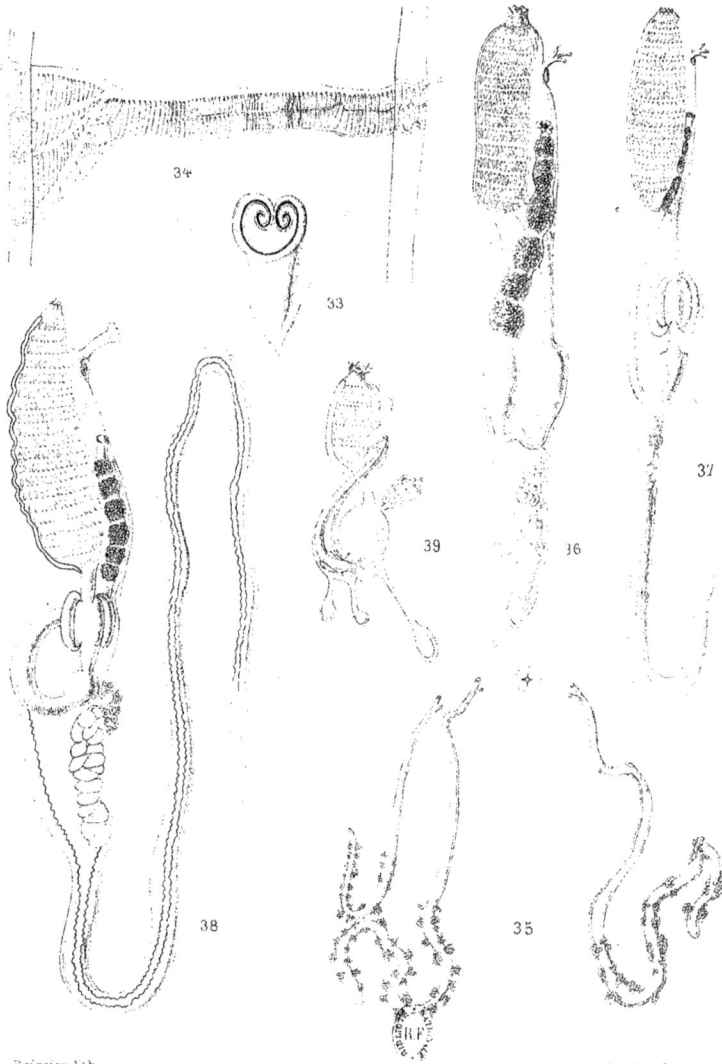

Tuniciers

Reignier lith.

Imp. L. Lafontaine, Paris.

Masson & Cie éditeurs.

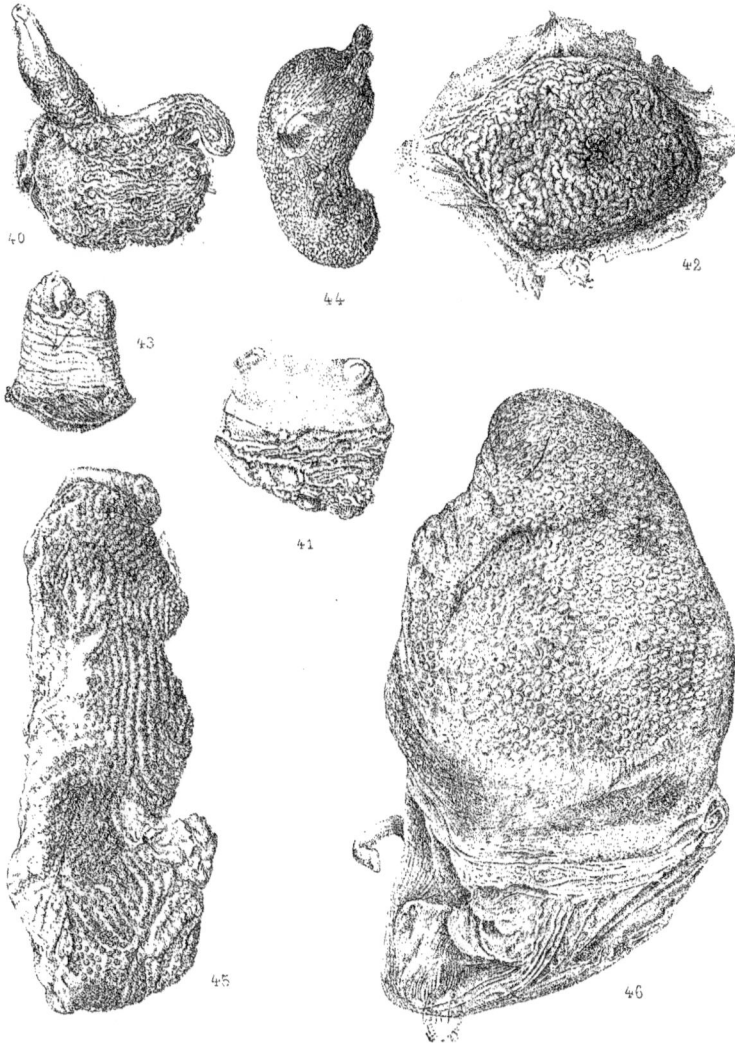

Reignier lith
Imp.L.Lafontaine,Paris

Tuniciers

Masson & Cie éditeurs.

Fascicules publiés